AF315506

VENTE DU JEUDI 28 AVRIL 1898

HÔTEL DROUOT, SALLE N° 6

à deux heures

TABLEAUX ANCIENS

ET DESSINS

DES DIFFÉRENTES ÉCOLES

TABLEAUX MODERNES

ET AQUARELLES

EXPOSITION PUBLIQUE

LE MERCREDI 27 AVRIL 1898

DE 1 HEURE 1/2 A 5 HEURES 1/2

COMMISSAIRE-PRISEUR

Mᵉ PAUL CHEVALLIER

10, rue de la Grange-Batelière, 10

EXPERT

M. B. LASQUIN

12, rue Laffitte, 12

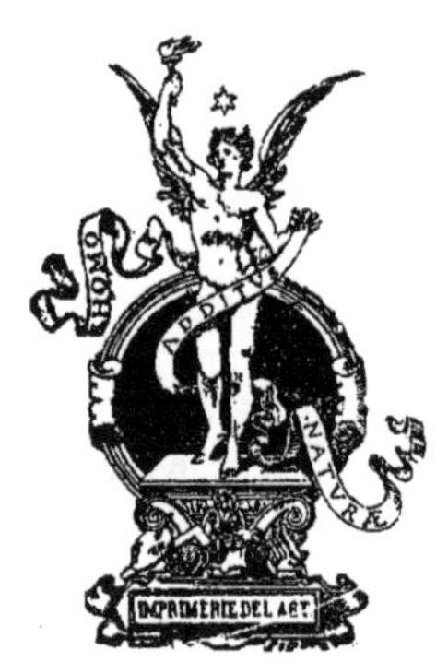

HONOR
ADDITVS
NATVRÆ
IMPRIMERIE DEL ART.

CATALOGUE

DE

TABLEAUX ANCIENS

ET DESSINS

PAR

**Van den Avondt, Boilly, Both, Bourguignon, Camphuysen
De Marne, J. de Heem, Heemskerk, R. Hondekoeter
G. Honthorst, Greuze, Guardi, Marieschi, Quentin Metsys
Mierevelt, Van der Meulen, Momers
Monnoyer, Peter Neefs, Weenix, Ykens, etc.**

Intéressante composition attribuée à Van der Venne

TABLEAUX MODERNES

AQUARELLES ET DESSINS

PAR

**Allongé, Chaplin, C. de Cock, De Dreux, Madeleine Lemaire
Eug. Lambert, Mélin, Michel
Monginot, Raffet, Philippe Rousseau, Troyon, etc.**

DONT LA VENTE AURA LIEU

HOTEL DROUOT, SALLE N° 6

Le Jeudi 28 Avril 1898

à deux heures

COMMISSAIRE-PRISEUR	EXPERT
Mᵉ PAUL CHEVALLIER	**M. B. LASQUIN**
10, rue Grange-Batelière, 10	12, rue Laffitte, 12

EXPOSITION PUBLIQUE

Le Mercredi 27 Avril 1898, de 1 heure 1/2 à 5 heures 1/2

CONDITIONS DE LA VENTE

Elle sera faite au comptant.

Les acquéreurs paieront *cinq pour cent* en sus des adjudications.

Paris. — Imp. de l'Art. E. Moreau et Cie, 41, rue de la Victoire.

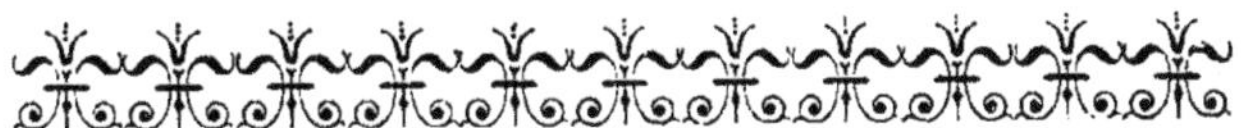

DÉSIGNATION

ÉCOLE ANCIENNE

AVONDT (Van Den)

1 — *Daniel confondant l'imposture des prêtres de Baal.*

Importante composition.
Signée et datée 1777.

BELDEMAKER

2 — *Chiens attaquant un renard.*

Signé et daté.

BERCKHEYDE (G.)

3 — *Place de Ville hollandaise.*

BLOOT (Pierre)

(DEUX PENDANTS)

4 — *Le Déjeuner des Villageois.*

5 — *L'Opérateur.*

BOILLY

6 — *Les Chiens savants.*

> Important dessin.
> Aquarelle et gouache.

BOSCH (Jérome)

7 — *L'Adoration des Bergers.*

> Cadre ancien sculpté.

BOTH (Attribué à)

8 — *Paysage accidenté avec cascade ; soleil couchant.*

> A gauche, route suivie par des chariots et des bestiaux.

BOURGUIGNON

(DEUX PENDANTS)

9 — *Attaque d'une Ville.*

CAMPHUYSEN (G.)

10 — *L'Etable.*
Signé.

CHARLIER (Signé)

11 — *Jeux d'Enfants.*
Dessin au crayon.

CHARPENTIER

12 — *Scènes d'Intérieur.*
Deux charmantes compositions à la sanguine.

CORRÈGE (D'après)

13 — *Le Sommeil d'Antiope.*

CROOS

14 — *Halte à l'auberge du village.*

CUYP (Benjamin)

15 — *Paysage.*

DE MARNE (Attribué à)

16 — *La Mare d'Auteuil.*

L'auteur s'est représenté dessinant au premier plan.

DUMESNIL (Attribué à)

17 — *Le Jeune Artiste peintre.*

GHIRLANDAIO (École de)

18 — *Sainte Famille.*

Forme ronde.

GOYEN (Attribué à Van)

19 — *Village au bord d'un canal.*

GREUZE

20 — *Étude de Femme.*

Dessin daté de Rome 1756.

GREUZE

21 — *Le Jeune Dessinateur.*

Dessin à la plume et à la sépia.

GROS (Attribué au Baron)

22 — *La Mort du maréchal Lannes.*

GUARDI (F.)

23 — *Vue d'un Palais à Murano.*

Charmant petit tableau.

(Collection Camille Rogier.)

HEEM (Jean de)

24 — *Homard, fruits, raisins dans une coupe, citron, videcome, le tout sur une table.*

HEEMSKERK (Le Vieux)

25 — *Paysans en goguette dans un intérieur.*

HONDEKOETER (R.)

(DEUX PENDANTS)

26 — *Canards, dindons, volatiles.*

Signés et datés 1730.

HONTHORST (Gérad)

27 — *Le Joyeux Buveur.*

MARIESCHI

28 — *Ville au bord de l'Adriatique.*

29 — *Habitations et aqueduc en ruines.*

Deux tableaux animés de figures, formant pendants.

MARIESCHI

30 — *La Dogana à Venise.*

METSYS (Attribué à Quentin)

31 — *Le Peseur d'or.*

MIEREVELT (Attribué à)

32 — *Portrait de Femme.*

En buste, corsage noir, collerette tuyautée; elle tient un livre de la main gauche.

MEULEN (Van Der)

33 — *Combat de cavalerie.*

Cadre en bois sculpté.

MOLENAER

34 — *La Ménagère.*

MOMERS

35 — *Pâtres et bestiaux.*

MONNOYER (Attribué à Baptiste)

(DEUX PENDANTS)

36 — *Vases sculptés entourés de fleurs et de fruits.*

Cadres sculptés.

MOSTAERT

37 — *Portrait de Femme assise.*

Au revers, une inscription.
Cadre en bois sculpté.

NEEFS (Peter)

38 — *Intérieur de temple gothique, avec sujet :
La Femme adultère.*

OUDRY

39 — *Deux dessins pour le roman comique de
Scarron.*

Pierre noire, rehaussée de blanc.

POTTER (Genre de)

40 — *Bestiaux au pâturage.*

Deux pendants dans des cadres sculptés.

PYNACKER

41 — *Le Débarquement.*

Signé.

(*Vente Émile Barre.*)

ROTTENHAMER

42 — *Bacchanale.*

Cuivre.

RUYSDAEL (Salomon)

43 — *Paysage avec figures.*

Au fond, une église avec tour carrée.

(Collection du comte de Jourdan, 1887.)

TIEPOLO (Genre de)

44 — *Le Martyr de Saint Laurent.*

TILBORG (G. Van)

45 — *Intérieur hollandais.*

VENNE (Attribué à Van Der)

46 — *Rendez-Vous de chasse.*

Une nombreuse société de dames et de gentils-hommes occupe l'entrée d'un bois, vers lequel se dirige un carosse amenant d'autres personnages. A droite, une charrette de paysan est précipitée dans un fossé pour faire place au carrosse.
Fond de paysage, avec château à gauche.

WEENIX (J.-B.)

47 — *L'Abreuvoir.*

Troupeau de moutons dans un paysage, avec ruines.

WOUWERMAN (Pierre)

48 — *Halte de paysans.*

YKENS (Johannes)

49 — *Allégorie sur la naissance d'un prince.*

Belle et très importante composition d'une parfaite conservation, signée et datée de 1659.

ÉCOLE ALLEMANDE

50 — *Portrait d'un Personnage de distinction, en buste, portant l'ordre de la Toison d'Or.*

ÉCOLE ITALIENNE

51 — *Vierge et Jésus.*

ÉCOLE ITALIENNE

52 — *Prise d'une ville d'une riche architecture.*

Nombreuses figures.

ÉCOLE HOLLANDAISE

53 — *Portrait de Femme en buste.*

Forme ovale.

ÉCOLE HOLLANDAISE

54 — *Entrée de ville fortifiée.*

ÉCOLE HOLLANDAISE

55 — *Paysage avec moulin à vent ; clair de lune.*

ÉCOLE HOLLANDAISE

56 — *Le Jugement de Páris.*

ÉCOLE HOLLANDAISE

57 — *L'Ivresse de Silène.*

Bacchanale dans un paysage agreste, borné par des montagnes.

ÉCOLE MODERNE

ALLONGÉ

58 — *Bord de rivière.*
    Fusain.

CHAPLIN

59 — *Jeune Fille lisant une lettre.*
    Dessin à la sanguine.

CHARLET

60 — *Deux lithographies.*

CHARLET

61 — *Lithographie coloriée.*

CLOUET (Félix)

62 — *Canard, bécasse, verre gravé, tapis d'O-*
    rient.

COCK (César de)

63 — *Paysage avec Moulin à eau.*

COMBA

64 — *L'Alchimiste.*
> Aquarelle.

COUTURIER

65 — *Poules, canards, paon dans un paysage.*

DE DARTEIN

66 — *Rocher sous bois.*
> Aquarelle.

67 — *Paysage.*
> Aquarelle.

DE DREUX (A.)

68 — *Cavaliers.*
> Dessin au crayon.

DECAMPS (Attribué à)

69 — *Paysage avec Moulin.*

GÉRICAULT (Attribué à)

70 — *Le Maquignon.*

HEARN (R.)

71 — *Soleil couchant sous bois.*

JADIN

72 — *Chien.*

L. C.

73 — *Prairie.*

LAMBERT (Eugène)

74 — *Jeunes Chats dans un panier.*

MADELEINE LEMAIRE

75 — *Dame en visite dans un atelier d'artiste.*
   Aquarelle.

MARILHAT (Genre de)

76 — *Le Bon Samaritain.*

MÉLIN 1867

77 — *L'Attaque des dix cors par les chiens.*

MÉLIN

78 — *Le Chenil.*

Signé et daté 56.

MICHEL

79 — *Le Moulin à vent.*

MONGINOT

80 — *Famille de chats autour d'une jatte de lait.*

MONGINOT (C.)

81 — *Nature morte.*

RAFFET (Signé)

82 — *Compagnie de Grenadiers.*

RAFFET

83 — *La Grande Revue.*

Lithographie.

ROUSSEAU (Philippe)

84 — *Nature morte.*

Lapin de garenne, vases de grès et de cuivre, bouteille, timbale, etc., sur une table.

ROUSSEAU (Philippe)

85 — *Bocal d'abricots, melons, pêche, bouquet de violettes, couteau sur une table.*

ROUSSEAU (Philippe)

86 — *Abricots.*

Pastel.

ROUSSEAU (Philippe)

87 — *Pêches, bouteille, gobelet d'argent.*

Pastel.

ROUSSEAU (Philippe)

88 — *Tranche de melon*

ROUSSEAU (Philippe)

89 — *Le Terrier.*

TROYON

90 — *Chemin bordé d'arbres (Normandie).*
Pastel. Signé.

TROYON

91 — *Charrette de Paysans dans un paysage.*
Pastel.

ÉCOLE MODERNE

92 — *Bord de rivière avec canards.*

ÉCOLE MODERNE

93 — *Bestiaux dans un paysage; lever de soleil.*

ÉCOLE MODERNE

(DEUX PENDANTS)

94 — *Types espagnols.*

95 — Tableaux non catalogués.

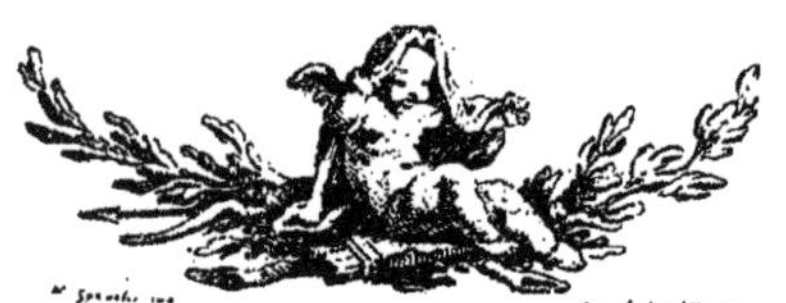